AF267312

NOTE

DU

CARDINAL PLACE

AU SUJET

DES ATTAQUES DIRIGÉES CONTRE LUI

PAR L'AUTEUR

DU *TESTAMENT D'UN ANTISÉMITE*.

NOTE

CARDINAL PLACE

AU SUJET

DES ATTAQUES DIRIGÉES CONTRE LUI

PAR L'AUTEUR

DU *TESTAMENT D'UN ANTISÉMITE.*

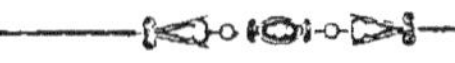

RENNES. — IMPRIMERIE DE H. VATAR.

NOTE ^(*).

Depuis plus d'une année on a répandu contre moi, avec violence et bruyamment, l'outrage et la calomnie : je n'y ai répondu que par le silence. Pourquoi aurais-je fait autrement? Comme homme je n'avais qu'à dédaigner et à mépriser ces injures ; comme chrétien qu'à les pardonner et à m'en servir pour ma sanctification ; comme évêque qu'à m'affliger profondément en pensant que des prêtres avaient donné lieu à ce scandale.

Mais aujourd'hui je n'ai plus le droit de me taire. Pour m'atteindre plus sûrement, on s'en est pris à mon frère. Il n'est plus là pour faire face à ses insulteurs ; c'est donc à moi de le défendre, et j'en ai le devoir, car c'est à cause de moi et de moi seul qu'il a été calomnié jusque dans sa tombe et qu'on est allé, vingt ans après, remuer sa cendre et l'injurier dans la mort.

Un autre motif m'obligeait encore à parler : c'est la reconnaissance que je dois à tous ceux qui, prêtres et laïques, tant du diocèse de Rennes que de la Province entière de Bretagne, de mon ancien diocèse de Marseille, de celui d'Orléans et de tous côtés, ont ressenti plus vivement que moi-même l'injure qu'on voulait me faire et m'ont donné de si touchantes marques de sympathie.

Je le dois en particulier à mes très aimés Frères, les Évêques de la Province, qui, par une lettre publique, dont il m'est doux de les remercier ici de nouveau, ont protesté contre les attaques dont j'étais l'objet. Je le dois à mes vénérés Collègues dans le Sacré-Collège et

---

(*) Diverses circonstances ont retardé la publication de cette Note qui n'en conserve pas moins son actualité.

dans l'Épiscopat, qui, avec une si unanime et fraternelle bienveillance, m'ont prodigué, jusqu'à me rendre confus, les témoignages de leur estime et de leur affection.

I.

L'affaire des Oratoriens a servi de prétexte à ce déchaînement d'outrages qui ont abouti au livre de M. Drumont où ils sont accumulés et aggravés encore avec la dernière violence. Il est donc nécessaire, puisqu'elle est à l'origine et au fond de tout cela, d'en rappeler tout d'abord les principales circonstances. Je le ferai aussi brièvement que possible.

Je n'entends nullement, il est superflu d'en faire la remarque, engager une discussion sur le fond du litige déféré au Saint-Siège ; la S. Congrégation des Évêques et Réguliers l'ayant pleinement et souverainement résolu par ses deux sentences du 22 août 1890 et du 27 février de cette année, je croirais lui manquer de respect en le soumettant en quelque sorte à la revision de l'opinion publique. Mais, prenant pour la première fois la parole en public sur cette affaire, il s'impose à moi d'en faire, au moins sommairement, un exposé d'autant plus indispensable qu'elle a été plus étrangement dénaturée.

A mon arrivée à Rennes l'œuvre dite de l'Oratoire attira particulièrement mon attention. Elle répondait à un désir que je nourrissais depuis longtemps : procurer à quelques membres du clergé la facilité de compléter leur instruction et de se mettre en état de produire des travaux utiles à l'Eglise.

Je m'empressai de témoigner mon estime au vénérable fondateur, M. l'abbé Guitton, en lui conférant le titre de vicaire général honoraire.

Il devint bientôt et ne cessa d'être jusqu'à sa mort un de mes plus fidèles amis.

M. Guitton avait fondé son œuvre, comme il l'a écrit lui-même, « sous les auspices, la haute direction et le » patronage de Mgr l'Archevêque de Rennes. »

Les choses restèrent jusqu'à sa mort telles que je les avais trouvées. Aucun lien religieux n'existait ni entre les membres de l'œuvre, ni entre eux et le fondateur. M. Guitton pouvait les éloigner s'il le jugeait opportun — il l'a fait plus d'une fois — et l'Archevêque, de son côté, demeurait libre de les appliquer à toute autre fonction; ils restaient sous sa juridiction immédiate et continuaient de faire partie du clergé séculier diocésain : rien, ni de près ni de loin, ne ressemblait à une congrégation religieuse (1). M. Guitton faisait vivre à ses frais, à l'aide de sa fortune personnelle, ceux que, avec mon autorisation ou antérieurement avec celle du Cardinal Saint-Marc, mon prédécesseur, il avait admis dans sa maison, sans que ces derniers pussent prétendre à quoi que ce fût sur son patrimoine.

M. Guitton avait tout sacrifié pour son œuvre; sa volonté certaine était qu'elle lui survécût et qu'elle se perpétuât, et il s'était préoccupé des meilleurs moyens de lui assurer, après sa mort, les ressources nécessaires à son existence.

Il fit un testament par lequel il instituait légataires universels deux des prêtres vivant avec lui : le très regretté abbé Motais et M. l'abbé Plaine.

A la mort de M. Guitton, les héritiers du sang atta-

(1) On a prétendu faire état contre moi, en en dénaturant le sens, d'une lettre que j'avais, au cours du procès intenté par les héritiers de M. Guitton, écrite à l'avocat des Oratoriens. J'écrirais aujourd'hui encore cette lettre dont je n'ai pas un mot à retirer. On ne me demandait pas de me prononcer sur la question de savoir si l'Oratoire était ou non le véritable bénéficiaire des libéralités de M. Guitton, mais uniquement de faire connaître quelle était, au point de vue ecclésiastique, la situation des prêtres de l'Oratoire. J'y déclarais que l'Oratoire n'était en rien une Congrégation, et que les prêtres qui le composaient n'étaient à aucun degré des Congréganistes, mais qu'ils relevaient direcement et absolument de ma juridiction. Je n'ai pas dit autre chose.

quèrent le testament de leur parent. Ils l'emportèrent en première instance, mais succombèrent devant la Cour d'Appel, faute d'avoir pu faire suffisamment la preuve juridique de l'interposition; le doute dans ce cas devant profiter au testament. Ce sont les motifs mêmes de l'arrêt de la Cour.

Le pourvoi formé contre l'arrêt fut rejeté par la Cour de Cassation, qui d'ailleurs n'avait pas à juger le fond.

Nonobstant l'arrêt de la Cour d'Appel, les choses restèrent dans l'état où elles étaient du vivant de M. Guitton. M. le chanoine Houet lui succéda dans la charge de supérieur; les biens et valeurs de la succession de M. Guitton, malgré la formalité ostensible d'un acte de partage, demeurèrent, réellement indivis et formant un fonds commun. Les intéressés ne tinrent, entre eux, aucun compte de la lettre du testament, car ils connaissaient mieux que personne les intentions du vénérable Testateur. Ils n'hésitèrent donc pas à traiter les biens de sa succession comme étant réellement la dotation de l'Oratoire; c'est ce qu'ils devaient faire et c'est ce qu'ils ont fait : tout le prouve, les faits comme les écrits; aussi jusqu'à l'époque du conflit nul ne souleva de difficultés à ce sujet. Ce fonds commun fut géré dans l'intérêt de l'Œuvre, d'abord par M. Motais, plus tard et depuis quatre ans par M. Hamard, un des plus anciens disciples de M. Guitton.

La situation serait la même aujourd'hui encore sans le conflit suscité par les dissidents de l'Oratoire.

Il est essentiel, pour apprécier la moralité de l'affaire, de bien préciser la cause et le point de départ de ce conflit.

La cause originelle du conflit, — il n'y en a pas d'autre, — a été la crainte de la réforme disciplinaire, que je croyais indispensable et dont M. Houet, tout le premier et spontanément, avait reconnu la nécessité. Les

événements qui ont suivi ont prouvé combien cette réforme
était urgente.

M. Houet, convaincu de l'insuffisance de son autorité
personnelle pour rétablir toutes choses dans l'ordre,
avait, à diverses reprises, annoncé la résolution, dès
qu'un mieux dans sa santé le lui permettrait, de venir
conférer avec moi et solliciter mon intervention. Plus
tard, quand sa mémoire défaillante perdait le souvenir
des choses présentes et que sa volonté affaiblie le
laissait sans défense, on a fait dire et faire à ce pauvre
vieillard ce qu'on a voulu, à l'encontre de ses vrais
sentiments. Ma faute a été, par égard précisément pour
l'âge de M. Houet, de n'avoir pas pris les devants et
agi plus tôt.

Afin d'échapper à mon intervention et à la réforme qui
était nécessaire, et en même temps pour s'assurer une
existence indépendante, quelques-uns des prêtres de
l'Oratoire se concertèrent à l'effet de s'approprier les
valeurs au moyen desquelles la maison subsistait.

S'adressant à M. Hamard, qui, comme je l'ai dit,
administrait le fonds commun, et qui, pour ne s'être pas
associé à leur trame, leur était devenu odieux, les dissidents lui firent sommation d'avoir à leur livrer la clef
de la caisse où étaient renfermées toutes les valeurs de ce
fonds commun.

M. Hamard s'y refusa comme il en avait le devoir et
il informa M. Houet. Ce dernier, stupéfait, fit à
M. Hamard défense expresse d'obtempérer à la sommation de ses confrères. Prévenu à mon tour, je fis à
M. Hamard la même défense.

Déçus dans leur calcul, les mécontents usèrent d'un
autre moyen : ils firent apposer un cadenas sur la porte
qui donnait accès au coffre-fort. Cet acte, commis au
mépris de la défense réitérée de M. Houet et de la
mienne, était trop grave pour que je pusse me dispenser
d'interposer mon autorité.

Je me rendis en personne à l'Oratoire, et, après m'être entretenu avec M. Houet que je trouvai consterné de la conduite de ses confrères, je fis venir chez lui M. Plaine, à qui je m'efforçai de faire comprendre que son âge et le bon exemple dont il était tenu envers ses confrères plus jeunes, lui faisaient un devoir de m'aider à les ramener à de meilleurs sentiments.

Je me bornais à demander que le cadenas fût enlevé et les choses remises en l'état. C'était le moins que je pusse faire, et si les dissidents l'eussent accepté, toutes les questions restaient entières pour être examinées à loisir et résolues selon qu'il y aurait lieu.

En présence du refus absolu et opiniâtre de M. Plaine, je lui déclarai que, s'il ne s'exécutait pas avant le lendemain matin en faisant retirer le cadenas, je lui défendais de dire la sainte messe ce jour-là, comme je l'avais fait défendre, pour les mêmes motifs, à MM. Robert et Louvet.

M. Plaine ne s'étant pas soumis, non plus que ses confrères, je rendis l'ordonnance du 25 janvier 1890, par laquelle je nommais M. Hamard supérieur-adjoint de la maison et administrateur temporel du fonds commun. M. Houet notifia cette ordonnance à ses confrères et ratifia, autant qu'il pouvait lui appartenir, la nomination qu'elle portait. Il ajoutait textuellement dans la note écrite de sa main à ce sujet : « Je lui reconnais (à M. Hamard) le droit de commander seul après moi dans la maison. »

La nomination d'un vice-supérieur était indispensable, puisque M. Houet ne pouvait plus, depuis de longs mois, quitter sa chambre et que les années et la maladie avaient accru son impuissance à exercer son autorité.

Quant au fait de maintenir M. Hamard dans sa charge d'administrateur temporel, ce n'était qu'une mesure conservatoire qui ne préjudiciait à aucune revendication et ne changeait rien à ce qui existait depuis la mort de M. Guitton.

Mon ordonnance fut frappée d'appel en cour de Rome et déférée à la S. Congrégation des Évêques et Réguliers.

On a osé m'accuser d'avoir voulu faire obstacle à cet appel : quiconque l'a dit m'a sciemment calomnié. J'ai eu l'honneur d'appartenir à la judicature du Saint-Siège et d'être membre du premier tribunal de la Catholicité. Je sais par expérience avec quelle prudence, quelle recherche scrupuleuse de la vérité, quel souci de la justice, avec quelle connaissance approfondie des règles du droit procèdent les Congrégations Romaines. Comment aurais-je pu hésiter à me soumettre à leur juridiction? Je m'étais, au contraire, réjoui de cet appel : résolu comme je l'étais à accepter purement et simplement, quelle qu'elle fût, la décision à intervenir et ne pouvant douter que mes adversaires ne fussent dans la disposition d'en faire autant, — *alors surtout que c'étaient eux-mêmes qui appelaient à Rome* — j'entrevoyais à brève échéance la fin de ces tristes débats.

Qu'y avait-il à faire dans l'attente de cette solution? Ce qui se fait dans tous les procès du monde : chaque partie réunit ses preuves et les produit devant les juges compétents.

Mais ce qui ne se fait pas, ce qui est inouï chez des hommes qui ont le respect d'eux-mêmes, c'est de saisir le public qui ne peut connaître les circonstances et les éléments du débat, surtout quand l'autre partie est dans une position qui lui interdit le recours aux mêmes moyens, comme il arrive à un évêque qui ne peut pas exposer sur la place publique les motifs de son administration.

Et cependant que s'est-il passé?

Au lieu d'attendre dans le silence et respectueusement la décision souveraine du Saint-Siège, les appelants, à peine leur appel lancé, commencèrent, par eux-mêmes et avec l'aide de quelques complices, à agiter l'opinion publique, et ils entreprirent contre leur Archevêque une campagne acharnée d'accusations fausses, d'insinuations perfides, d'inventions de toute sorte, travestissant, dans le fond et dans les détails, toutes les circonstances de l'affaire et tout cela avec une telle audace d'affirmation qu'ils en imposèrent à plusieurs, même à des hommes intelligents et sincères.

N'est-on pas allé jusqu'à faire courir le bruit que j'avais voulu m'emparer de la caisse de l'Oratoire, alors que je n'ai eu d'autre préoccupation, en défendant à M. Hamard de se dessaisir du dépôt dont il avait la charge, que d'en empêcher la dilapidation?

Je n'ai jamais voulu qu'une chose, et j'ai accepté d'avance toutes les conséquences qui pourraient résulter pour moi de mon intervention : j'ai voulu, comme ma conscience m'en faisait un devoir, sauver l'œuvre de M. Guitton. Je l'ai voulu, et pour le bien qu'elle pouvait faire et pour la mémoire de ce prêtre vénérable qui lui avait consacré sa vie et sa fortune et qui, certes, n'avait pas eu en vue d'enrichir personnellement ses légataires et leurs familles, en les affranchissant de toute obligation morale dans l'emploi et l'usage des biens qu'il leur avait laissés.

Si j'avais agi autrement, je n'aurais pas été coupable seulement envers lui mais envers le Diocèse.

Ne fallait-il pas aussi que ceux de mes prêtres que leur zèle pour l'honneur de Dieu, l'intérêt de la religion et le bien des âmes, porte à fonder des œuvres destinées, dans leur désir et leur espérance, à leur survivre, fussent assurés que, jusqu'à mon dernier souffle, je ferai tout ce qui sera en mon pouvoir pour que leurs sacrifices ne soient pas détournés de leur but, leurs intentions méconnues, ni leur confiance trahie.

Après avoir fait appel de mon ordonnance du 25 janvier 1890, et pendant que cette cause s'instruisait à Rome, les prêtres de l'Oratoire manifestèrent la volonté de se pourvoir devant le Tribunal de l'Officialité diocésaine afin

d'y faire condamner l'administrateur temporel à leur livrer
la clef du coffre-fort et le secret d'ouverture. Je n'eus
garde d'y faire objection.

Deux membres de l'Officialité se récusèrent : M. l'abbé
Delafosse, pour avoir figuré comme témoin dans le procès
engagé par les héritiers du sang, et M. l'abbé Richard, afin
que sa situation auprès de moi, comme mon vicaire
général et mon secrétaire particulier, ne pût être un
prétexte de suspecter son impartialité. Deux prêtres
universellement respectés furent appelés à siéger à leur
place et le Tribunal fut ainsi constitué :

M. l'abbé Michel, vicaire général, official ;

M. l'abbé Guillois, Supérieur du Grand-Séminaire ;

Le R. P. Cartier, Supérieur général des Missionnaires
diocésains ;

M. l'abbé Lelièvre, curé de Saint-Sauveur, dont la
mort récente n'a pas été seulement un deuil pour sa
paroisse où son nom restera en bénédiction, mais pour
toute la ville et tout le diocèse.

Les seuls noms des juges étaient une garantie de bonne
et consciencieuse justice.

A aucun moment ni d'une manière quelconque je ne
suis intervenu au procès ; en faire la remarque est presque
manquer de respect au tribunal.

Les parties non seulement s'expliquèrent en toute
liberté mais encore furent mises à même de faire entendre
les témoins qu'elles voulurent appeler.

A une dernière audience contradictoire, le prononcé
du jugement fut renvoyé au samedi, 29 mars. Or dans
l'intervalle, le 26 mars, quand ils avaient fait valoir tous
leurs moyens de défense, pendant que les juges déli-
béraient leur sentence, les Oratoriens, méprisant tout ce
qu'ils devaient respecter, le tribunal auquel eux-mêmes
ils avaient appelé, la grande loi, à la fois religieuse et
civile, morale et sociale, qui défend d'user de violence et
de se faire justice à soi-même, eux, des prêtres,

enlevèrent le coffre-fort qui était sous la garde de l'administrateur temporel, le transportèrent chez l'un d'eux, l'enfoncèrent et prirent toutes les valeurs qu'il contenait, celles qui provenaient de la succession de M. Guitton comme celles qui avaient une autre origine.

Nonobstant cet attentat, au jour dit, le 29 mars, la sentence fut prononcée. Elle décida que devant la conscience la légalité n'est pas tout, qu'outre les obligations de stricte justice, il y a des devoirs de religion, de charité, de fidélité, d'honneur, qui ne l'obligent pas moins et qu'à ce titre les légataires de M. Guitton étaient tenus d'employer à son Œuvre les libéralités dont il les avait gratifiés dans cette intention.

Quant à l'effraction du coffre-fort, cet attentat ne pouvait demeurer impuni, et par un second jugement en date du 2 avril, l'Officialité frappa de suspense ceux des prêtres de l'Oratoire qui furent connus pour en être les auteurs. M. Plaine se garda bien à ce moment de faire connaître la part de responsabilité qu'il a depuis revendiquée avec ostentation, mais qui fut alors soigneusement dissimulée. C'est l'unique motif pour lequel il ne fut pas compris dans la poursuite et dans la condamnation.

En frappant les coupables, l'Officialité y mettait toute l'indulgence possible, puisque liberté entière leur fut laissée de s'affranchir de la peine, à la seule condition de remettre les choses en l'état.

Il ne tenait qu'à eux de se libérer de la suspense le jour même par cette réintégration, qui, encore une fois, n'eût rien préjugé sur la question pendante devant le Saint-Siège, mais l'eût laissée entière sans engager aucunement l'avenir.

Je n'ai pas besoin de dire que je fus aussi étranger à cette seconde sentence que je l'avais été à la première.

Aussitôt que l'effraction du coffre-fort eut été connue, M. Hamard, en sa qualité d'administrateur temporel, afin d'empêcher la disparition des valeurs dont il avait la garde et pour mettre éventuellement à couvert sa propre responsabilité, se pourvut en référé devant le Président du Tribunal civil qui ordonna que ces valeurs fussent remises entre les mains d'un séquestre judiciaire où elles sont encore aujourd'hui.

Les Oratoriens firent appel de la sentence de l'Officialité comme ils l'avaient fait de mon ordonnance du 25 janvier et il y eut ainsi deux pourvois en Cour de Rome.

La S. Congrégation des Evêques et Réguliers, saisie de l'un et de l'autre, rendit le 23 et le 26 avril, deux rescrits, par lesquels elle enjoignait aux prêtres de l'Oratoire, — par provision et tous droits réservés sur le fond, — de se soumettre à l'ordonnance du 25 janvier et de remettre aux mains de l'administrateur temporel les valeurs usurpées.

En vain ces deux rescrits furent notifiés : les Oratoriens refusèrent d'y obéir, et cependant, je ne saurais trop le répéter, c'étaient eux qui avaient appelé à Rome! C'était le prélude de la rebellion qu'ils opposent aujourd'hui aux sentences rendues sur le fond par la S. Congrégation.

Les appelants, produisirent en Cour de Rome l'arrêt de la Cour de Rennes du 22 mars 1887 et de nombreuses consultations délivrées par des jurisconsultes de Paris et de Rennes.

Cette démonstration était sans objet, car jamais leur titre légal n'avait été infirmé par l'Officialité, ni contesté par personne. Ce qu'il y avait à examiner c'était uniquement, je le répète, la question de savoir si, en conscience, les appelants étaient tenus d'avoir égard aux intentions certaines et notoires de M. Guitton.

J'ai dit plus haut avec quel soin, quelle maturité, quel scrupule, sont étudiées et jugées à Rome les questions de cette nature. Toutes les pièces relatives à l'affaire et pouvant faire la lumière tant sur la volonté de M. Guitton

que sur les causes et les circonstances du testament de
M. Motais dont on a tant argumenté à faux et tant abusé,
furent religieusement étudiées. La S. Congrégation eut
sous les yeux des documents qui n'avaient encore été
produits devant aucune juridiction et dont moi-même
j'avais ignoré l'existence jusqu'à l'époque du conflit.

Calomnié dans le public et à l'audience du Tribunal
civil, M. l'abbé Hamard avait fait dénoncer aux Oratoriens
que, pour se justifier, il produirait une partie de ces pièces
dont son Conseil venait de lui signaler l'importance :
aussitôt les Oratoriens se désistèrent du procès qu'ils lui
avaient intenté en main-levée du séquestre, et subirent
la condition de rétracter en audience publique la plus
grave de leurs outrageuses imputations.

Le 22 août, la S. Congrégation rendit son jugement
souverain.

Elle confirma sur tous les points, « *in omnibus* » mon
ordonnance du 25 janvier et la sentence de l'Officialité.
Elle fit plus : voulant protéger la dotation de l'Oratoire
contre toute entreprise qui tendrait à la détourner de sa
destination, elle décida de me consulter sur les meilleures
mesures à prendre pour atteindre ce but, et le 27 février
de cette année 1891, par une dernière décision, elle sanc-
tionna toutes mes propositions.

Il semblait donc que tout était terminé et allait se
pacifier. Rome avait jugé que M. Hamard était maintenu
en sa qualité d'administrateur temporel de la dotation
de l'Oratoire, et qu'aucune valeur ne pouvait en être
détournée; il n'y avait donc plus qu'à obéir.

En retour de cette soumission nécessaire, les prêtres
de l'Oratoire allaient recouvrer la faculté qui leur était
offerte de remonter au saint autel et de reprendre une
situation régulière.

Il ne dépendait, et, aujourd'hui encore, il ne dépend
que d'eux, de rentrer en possession de cette grâce.

Un seul des Oratoriens déclara vouloir quitter l'Oratoire et se soumettre purement et simplement ; aussitôt la suspense qui le frappait fut levée.

Le devoir était clair, certain : il ne laissait place ni au subterfuge ni à l'équivoque. Ce sont les prêtres de l'Oratoire qui, à deux reprises différentes, avaient appelé devant le Saint-Siège, et contre moi, et contre l'Officialité diocésaine. Se disant sûrs que la sentence serait en leur faveur, ils en exaltaient l'autorité et en triomphaient d'avance.

Mais Rome ayant jugé contre eux, Rome n'est plus rien !

La campagne de calomnies et d'injures commencée au cours du procès, et qui ne s'était jamais arrêtée, fut reprise avec plus de violence. Pour me blesser plus sûrement, mes insulteurs se mirent à attaquer mes meilleurs amis. Le vénérable curé de Saint-Sauveur lui-même, pour avoir jugé selon sa conscience, ne fut pas épargné.

Ils n'eurent plus alors qu'un but : donner plus de publicité et de retentissement à leurs attaques et au scandale qu'ils s'appliquaient à produire, et voici ce qui se passa.

Le journal « *L'Avenir hebdomadaire* » commença à publier des articles d'avant-garde, anonymes, pour demander à l'Archevêque des explications sur l'affaire de l'Oratoire. Les prétendus consultants avaient voulu se ménager l'occasion de faire eux-mêmes la réponse. Elle parut dans le numéro du 19 octobre 1890, sous forme de deux lettres adressées au journal : l'une, où aucune mesure n'était gardée dans l'outrage et la calomnie, était signée par un laïque, ami des Oratoriens qu'il avait assistés dans l'effraction du coffre-fort; l'autre, plus réservée dans la forme, portait la signature d'un des prêtres de l'Oratoire.

On s'était flatté et on s'était vanté de me faire, par la

violence des attaques et des dénigrements, une situation telle que je n'y pusse tenir ; on se targuait même de me rendre le séjour du Diocèse impossible.

C'était bien peu me connaître et bien peu se connaître. C'était aussi calculer sans tenir compte de l'esprit de foi de mon Diocèse, de son religieux respect et de son filial attachement pour ses évêques ; c'était méconnaître la conscience et le cœur de mes prêtres, des catholiques, et de tous les gens de bien.

Un cri d'indignation s'éleva de toutes les parties du Diocèse. Le Chapitre Métropolitain, les Curés de la ville de Rennes, les Doyens, les prêtres en foule, m'adressèrent le témoignage de leur piété filiale et celui de leur réprobation pour les auteurs d'un tel scandale. Je ne veux pas dire qu'il n'y eut point d'exception. Deux membres du Chapitre et deux Curés de Rennes jugèrent que, devant l'outrage public fait à leur Archevêque, il leur convenait de s'abstenir et de s'y montrer insensibles.

Les laïques ne furent ni moins empressés, ni moins énergiques à condamner tant d'excès.

Tous ces témoignages m'allèrent au cœur ; je les conserve et je veux en exprimer à tous une fois encore ma vive et paternelle gratitude. Si quelques déceptions se sont mêlées à ces consolations, si la révolte contre l'autorité épiscopale et contre l'autorité du Saint-Siège a rencontré des indulgences inattendues et inexplicables, si, dans la presse, des hommes se sont tus à qui tout semblait faire un devoir de parler, je ne suis plus d'âge à m'en étonner et ce n'est pas pour moi que je m'en afflige.

Les articles de haine, de bouffonneries injurieuses et grossières, les libelles en vers et en prose ne s'arrêtèrent pas, mais les noms propres n'osèrent plus se montrer. L'anonymat ne fut qu'une indignité de plus. La conscience publique ne s'y trompa pas.

Elle n'hésita pas davantage dans sa réprobation sur le choix du journal préféré pour m'outrager et, avec moi, ceux à qui on a fait un crime de leur dévouement loyal et de leur fidélité au devoir comme de leur respect pour ma personne.

Un fossé profond, sans doute, me sépare du journal « l'*Avenir ;* » je ne dis pas un abîme infranchissable, car il ne peut y en avoir entre un évêque et ses diocésains. « L'*Avenir* » s'est donné pour mission d'attaquer l'Église et le Clergé, nos vérités saintes, nos œuvres, nos droits, nos libertés ; c'est une triste mission, mais enfin il l'exerce à visage découvert et il reste dans le rôle — si déplorable soit-il, — qu'il a choisi. Mais voilà des écrivains qui se disent catholiques, qui sont plus encore que de simples fidèles, et qui s'embusquent dans les colonnes d'un journal hostile à tout ce que doivent respecter, aimer, défendre des catholiques et des prêtres, pour tirer de là sur leur Archevêque, sur des prêtres dont tout le tort, impardonnable à leurs yeux, est de lui être attachés, et sur les catholiques les plus honorables. Ces procédés ne se discutent pas. Les journalistes de « l'*Avenir* » sont des égarés, les autres sont des traîtres.

II.

Pourquoi ne puis-je me dispenser de poursuivre ce douloureux exposé? Car j'arrive à des faits tellement odieux qu'ils laissent bien loin derrière eux ceux que je viens de rapporter.

Quelque coupable que soit M. Drumont, la plus lourde part de responsabilité ne pèse pas sur sa tête. M. Drumont n'a été qu'un complice en se faisant le porte-voix de mes insulteurs de Rennes. Tel imprimeur de notre ville, en lisant les pages de M. Drumont, a reconnu presque mot à mot le manuscrit qui lui avait été confié et qu'il avait refusé d'imprimer (1). M. Drumont, sans doute, a

---

(1) A quelqu'un qui, sans même me connaître, mais révolté dans sa conscience de catholique et d'honnête homme, reprochait à M. Drumont, quelques jours après l'apparition de son livre, la violence de ses injures

commis une faute énorme, en accueillant avec une légè-
reté sans excuse et en reproduisant avec une violence
sans nom des accusations dénuées de fondement; mais les
plus criminels sont ailleurs; ce sont ceux que la passion
et la haine ont conduits jusqu'à se faire ses pourvoyeurs.

Il y a de ces iniquités qu'il suffit de révéler pour que
l'honnêteté publique en fasse justice. Voici les faits.

Le 15 décembre 1890, je reçus l'abominable lettre anonyme ci-après. Je la cite, quoiqu'elle soit anonyme,
parce que tout le violent chapitre de M. Drumont contre
mon frère et contre moi est en résumé dans cette lettre
dont son livre n'est que le développement (1).

*Si, au premier de l'an, les Oratoriens ne sont pas rentrés
dans leurs biens et ne sont pas relevés de l'interdit, on publiera
et distribuera dans toute la Bretagne, l'histoire du traître
Victor Place qui envoya aux Bretons du Camp de Conlie les
mauvaises armes que l'on sait. — On dira la part indigne
et non moins antipatriotique de son frère, Charles-Philippe,
qui fit grácier le traître. Il faut que les Bretons sachent ce
qu'ils doivent à la dynastie Place, race de Juifs.*

Chacune de ces odieuses paroles, dans leur cynique
perfidie, est une lâche et atroce calomnie; je le montrerai
bientôt. Mais les malfaiteurs qui les ont écrites ont
trouvé moyen de descendre plus bas encore. En même
temps qu'ils cherchaient à m'effrayer par ce honteux
marchandage, ils adressaient la même lettre anonyme,
textuellement reproduite, à mes vicaires généraux et à
ceux de mes amis qu'ils supposaient pouvoir exercer une
influence sur mes déterminations, afin qu'à leur tour ils

contre moi, M. Drumont objecta que des prêtres de Rennes s'étaient
mis en rapport avec lui pour le renseigner, et il prononça même un
nom que je m'abstiens, quant à présent, de citer.

(1) Le livre de M. Drumont a été mis en vente le 17 mars. Dès
le 8 janvier, à Dinan, un ami des Oratoriens annonçait, avec détails,
les attaques dont j'y suis l'objet.

pesassent sur moi. Il est inutile de dire que les uns et les autres n'en ont eu que du mépris et du dégoût.

Il est heureux pour la dignité de la nature humaine que de pareilles bassesses soient rares et que la conscience publique les réprouve énergiquement; mais elles resteront comme une note d'ignominie sur le front de ceux qui ont pu déchoir assez pour y avoir recours.

Au milieu de ce débordement d'injures, M. Drumont m'aura, sans le vouloir, rendu service, en me mettant dans l'obligation de faire la lumière sur la conduite de de mon bien aimé frère.

Assurément, je ne pouvais prévoir une occasion si douloureuse, mais, dans quelques conditions qu'elle me soit offerte, je n'ai pas moins le devoir d'en profiter pour le réhabiliter devant l'opinion publique en confondant d'odieuses calomnies, et j'y arrive.

Je ne songe pas à faire un récit complet de la vie du Consul général de New-York; il y faudrait de longues pages. Néanmoins dans une telle affaire, où l'honorabilité du prévenu et ses antécédents sont d'un si grand poids, il n'est pas inutile de jeter un coup d'œil sur sa vie passée. Je me bornerai à l'indication sommaire de quelques-unes des étapes de sa carrière consulaire, avant d'aborder la question des marchés d'armes passés à New-York.

M. Victor Place est entré dans les Consulats en 1839, à la suite d'examens brillants dans lesquels il a obtenu le numéro 1. En 1843, il a été envoyé à Haïti comme secrétaire de la légation de M. Adolphe Barrot. Vers la fin de 1845 jusqu'en 1847, bien qu'il ne fût encore qu'élève consul, il a géré l'important Consulat de Naples. L'habileté dont il avait fait preuve à Haïti, son intelligence des affaires et le désintéressement de sa conduite pendant la gérance du Consulat de Naples — où il eut l'occasion de faire, au nom et pour le compte du gouvernement français, des marchés de fourrages très considérables pour l'approvisionnement de l'Algérie, — attirèrent sur lui l'attention du gouvernement qui le nomma chevalier de la Légion d'honneur. Il n'avait pas encore 27 ans.

De 1847 à 1851 il a géré le Consulat de Santo-Domingo. Les services qu'il rendit à cette République, notamment pendant sa lutte avec le président Soulouque devenu empereur d'Haïti, lui acquirent un tel ascendant que les représentants de la République Dominicaine demandèrent, sous son inspiration, à s'annexer à la France. Le Consul saisit son gouvernement de cette proposition en faisant connaître les avantages d'une annexion qui, entre autres choses, aurait mis la France en possession de la magnifique baie de Samana, la plus belle du Nouveau-Monde.

Ne recevant de son département que des réponses évasives, et ne pouvant se résigner au sacrifice d'un intérêt si manifeste pour notre pays, il expédia, à deux reprises différentes, des agents pour décider le gouvernement à accepter les offres si avantageuses qu'il lui transmettait. Mais la République de 1848 venait de s'établir, et il est vraisemblable que des difficultés résultant de la politique générale firent échouer ses propositions.

Consul à Mossoul de 1851 à 1855, il y a fait sur les ruines de l'ancienne Ninive des découvertes considérables. Il les a racontées dans un ouvrage monumental, qui sert encore de guide aux explorateurs contemporains. Tous, en effet, le citent avec honneur.

Ces découvertes lui ont assigné un rang illustre parmi les savants qui ont répandu de vives lumières sur les antiquités assyriennes. Le gouvernement vient de faire inscrire son nom au musée du Louvre avec celui des Botta, des Longpérier et autres savants de première marque. Déjà même on parlait de lui pour l'Académie des Inscriptions et Belles-Lettres.

Tout en poursuivant avec une activité infatigable, et

non sans danger, le cours de ses fouilles, il ne négligeait pas de protéger les nombreux villages chrétiens répandus sur l'immense territoire de son Consulat. Plus d'une fois, au péril de sa vie, à la tête de ses travailleurs qu'il comptait par centaines et qu'il avait armés, il a sauvé des chrétientés menacées d'extermination par suite de l'anarchie et des désordres qui, dans ces provinces reculées de l'empire turc, livraient les populations sans défense et sans protection aux violences des tribus insurgées.

C'est dans son Consulat de Jassy, de 1855 à 1863, qu'il a pu rendre à la France des services encore plus signalés.

Un des résultats considérés comme les plus importants de la guerre avec la Russie était d'arriver à l'unification de la Moldavie et de la Valachie, et d'en faire un seul État. Aujourd'hui, en effet, ces provinces forment le royaume de Roumanie.

C'est principalement grâce à l'influence que mon frère s'était acquise et à ses négociations que cette solution a été obtenue. Les lettres de M. Thouvenel, alors notre ambassadeur à Constantinople, en font foi et lui donnent les louanges les plus honorables et les plus méritées. Le Gouvernement, de son côté, lui rendait justice en le nommant sur place Consul de 1re classe et officier de la Légion d'honneur.

De Jassy il passa à Andrinople, puis à Calcutta, comme Consul général, et enfin à New-York en la même qualité, en avril 1870.

Je n'ai fait qu'esquisser à grands traits quelques-unes des circonstances de la carrière consulaire de mon frère. Elles suffisent pour mettre à même d'apprécier quelles ont été l'honorabilité parfaite de sa conduite, l'élévation de son esprit et de son caractère, et en même temps l'importance des services qu'il a rendus à la France.

Voilà un homme qui, pendant plus de 30 ans, a été le

serviteur loyal, fidèle et utile de son pays ; qui, partout où les évènements l'ont conduit, a tenu haut le drapeau de la France ; qui, dès les débuts de sa carrière, dans sa gérance de Naples, a mérité, par son désintéressement, l'estime et la haute approbation de ses chefs. Et ce serait lui qui, alors que les égoïstes même et les indifférents sentaient leur cœur déchiré par les désastres de la patrie, aurait, à ce moment, abjuré son glorieux passé pour spéculer sur les malheurs de son pays ! Ce serait cet homme qui, par le plus honteux des calculs, — lui qui, j'en appelle à tous ceux qui l'ont connu, n'a jamais calculé, — aurait profité de l'agonie de la France pour s'approprier une part de ses suprêmes ressources et entraver sa défense !

Je le demande à tout homme de bonne foi et sans parti pris : une pareille supposition est-elle admissible ? est-elle vraisemblable ?

Tout, dans la conduite et le caractère **du Consul** général de New-York, dans ses actes et dans ses sentiments, ne dément-il pas d'avance la possibilité d'une telle monstruosité morale ? Sa vie entière, et dans l'ensemble et dans le détail, l'en montre noblement incapable : il ne pouvait la commettre ; il ne l'a pas commise.

Je vais le prouver, et j'aborde la question spéciale des marchés conclus à New-York pour les fournitures d'armes destinées à la défense nationale.

Une remarque préalable est ici nécessaire.

Qu'on se rappelle quelles étaient à cette époque les dispositions de l'esprit public : nos populations déconcertées et humiliées par nos infortunes militaires, livrées aux plus cruelles angoisses, déçues chaque jour dans leurs espérances obstinées, ne sachant à qui attribuer de si terribles mécomptes, s'en prenaient avec des emportements irréfléchis à tous ceux qui avaient eu part aux affaires publiques, à nos généraux qu'elles n'accusaient pas seulement d'incapacité mais de trahison, aux fonctionnaires qui, de près ou de loin, pouvaient avoir quelques relations avec les événements de la guerre. C'était, pour expliquer nos désastres, comme un besoin irrésistible, de trouver des responsabilités, dût-on en créer d'imaginaires.

M. le duc d'Audiffret-Pasquier annonça un jour, du haut de la tribune de l'Assemblée nationale, que la Commission parlementaire d'enquête dont il était le président avait à examiner 84,000 dossiers relatifs à des personnes plus ou moins accusées de malversations.

Une pareille nouvelle surexcita l'attention publique anxieuse et impatiente de voir signaler les coupables.

On se demanda alors par quel motif M. le duc d'Audiffret-Pasquier choisit, entre tous les autres, le dossier du consul général de New-York, pour en faire l'objet des premières poursuites, alors que l'éloignement des lieux rendait l'instruction plus délicate, plus difficile et nécessairement plus longue. Il y a une réponse trop facile, hélas ! La politique voulait qu'on déshonorât l'empire dans la personne de ses hauts fonctionnaires.

L'instruction commença devant la Commission parlementaire, composée exclusivement d'hommes politiques, et sous l'influence des excitations et des préventions dominantes en ce moment. Elle s'y continua *en l'absence de mon frère, qui, par conséquent, ne put présenter aucune justification, ni donner aucun renseignement.*

Il arriva enfin d'Amérique, brisé par la douleur, épuisé dans sa santé, après avoir été menacé de perdre ses quatre enfants atteints d'une maladie mortelle ; deux avaient échappé comme par miracle, mais les deux autres avaient succombé le même jour, et le malheureux père ramenait avec lui leurs corps renfermés dans un même cercueil. C'était là l'unique trésor qu'il rapportait en France.

Dans cet état, *ayant ignoré jusqu'alors les chefs d'accusation relevés contre lui,* il demanda un délai ne fût-ce que pour faire venir de New-York les pièces nécessaires à sa justification. *Ce délai lui fut refusé.* Lorsque, seul, privé de toute assistance et de tout appui, dans un état d'affaissement physique et moral que l'on comprend facilement, — il y avait deux jours qu'il était arrivé d'Amérique — il comparut devant la Commission parlementaire, l'opinion des membres qui la composait était faite d'avance puisque déjà le Rapporteur, M. Riant, leur avait lu son rapport.

Que pouvait être ce rapport dans de pareilles conjonctures?

Ce qui était plus grave encore c'était la valeur et la moralité des hommes qui avaient fourni au Rapporteur les renseignements sur lesquels il avait fondé ses accusations. Ces hommes étaient précisément les mêmes dont le Consul avait découvert les malversations et qui, menacés par lui de justes poursuites, avaient pris les devants en l'accusant lui-même. En son absence et sans contradiction de sa part, cette coupable manœuvre ne leur était que trop facile.

On verra ci-après, sur le principal d'entre eux, la lettre-mémoire adressée à M. le Ministre des Affaires étrangères par M. Bellaigue de Bughas, titulaire du Consulat général de New-York.

Je le répète, dans des conditions semblables, que pouvait être le rapport, et quelle confiance pouvait-il mériter?

Et cependant c'est ce rapport, rempli d'erreurs évidentes, de suppositions gratuites, d'accusations sans fondement, qui a été la pierre angulaire du procès et la cause principale de l'égarement de l'opinion publique et de la justice ! C'est lui qui a servi de thème aux harangues passionnées de M. le duc d'Audiffret-Pasquier. On comprend quels émois devait exciter, quelles colères soulever l'évocation enflammée des cruels et sanglants malheurs de la patrie, alors que rééditant les fausses allégations du Rapport, on faisait retomber la responsabilité de ces désastres sur la tête du Consul.

Afin de mieux l'accabler, par le contraste, l'orateur exalta le prétendu désintéressement d'un certain américain, M. Remington, qu'évidemment il ne connaissait guère ; on en aura bientôt la preuve.

L'émotion éprouvée par l'assemblée s'empara du pays et de la presse. Ce fut un de ces moments terribles où l'opinion publique devient comme un torrent désordonné auquel rien ne résiste. Qui aurait alors songé à se demander si des accusations produites avec tant de véhémence devant le Parlement et devant le pays avaient été suffisamment prouvées, si l'autorité judiciaire les avait contrôlées, en un mot, si elles étaient fondées ?

Sous le coup de cet immense égarement, M. Place n'avait qu'à attendre, plongé dans sa douleur, le jour où il pourrait élever la voix et pour la première fois se défendre devant la justice de son pays.

Ce n'était pas faute de l'avoir sollicité : ses dépêches réitérées et pressantes au Ministre des affaires étrangères en font foi.

Dès qu'il avait entendu parler, quoique en termes vagues, d'accusations portées contre lui, il avait écrit plusieurs fois à son département, notamment dans une dépêche du 20 février 1871, pour demander qu'un agent délégué par le Ministère des Affaires étrangères, ou par le Ministère des Finances, ou par tout autre Ministère, fût envoyé en Amérique avec mission d'y faire une enquête complète sur les opérations relatives à toutes les fournitures d'armes. En effet, ce n'était qu'en Amérique et sur les lieux que l'affaire pouvait être pertinemment étudiée. C'était le bon sens autant que la justice ; mais ceux qui avaient intérêt à étouffer sa voix étaient tout-puissants et ils l'empêchèrent de se faire entendre.

Un homme qui aurait craint de voir la vérité se produire sur ses actes n'aurait pas fait et fait avec insistance de telles démarches.

Enfin le jour qu'il avait si ardemment désiré arriva. Il comparut devant la 10ᵉ Chambre du Tribunal de la Seine, le 11 octobre 1871.

Il n'entre pas dans ma pensée de revenir sur l'examen des faits incriminés, sur les chiffres débattus, sur les questions innombrables soulevées dans cette affaire; elle a occupé trois longues audiences : les 11, 18 et 19 octobre, et il faudrait pour l'exposer et la discuter en détail plus d'un volume. Quelques citations et quelques réflexions suffiront pour faire éclater la lumière.

Voici la lettre que j'ai annoncée de M. Bellaigue de Bughas et qui a été lue au cours des débats.

New-York, 25 août 1871.

« A Son Excellence, Monsieur le Ministre des
» Affaires étrangères. »

« MONSIEUR LE MINISTRE, »

« Il est parvenu récemment à ma connaissance, et j'ai
» l'honneur de soumettre aujoud'hui à Votre Excellence,
» divers documents et informations relatifs aux achats
» d'armes opérés à New-York, et particulièrement au
» rôle de la maison Remington et fils, dans ces affaires.

« Ces données m'ont paru présenter assez de gravité
» pour qu'il fût nécessaire d'appeler sur elles l'attention
» du gouvernement.

» Je relaterai d'abord que déjà, vers le 24 juin dernier,
» lorsque Votre Excellence me chargea d'adresser quelques
» questions à M. Hartley, de la maison Schnyler, Hartley
» et Graham, ce négociant n'hésita pas à me parler de
» M. Remington dans les termes les moins favorables;
» il me déclara qu'à ses yeux, et à ceux, ajouta-t-il, des
» personnes bien informées sur ce sujet, le propriétaire
» de l'usine d'Ilion, *entièrement ruiné au moment de la*
» *guerre, avait profité de la confiance mise en lui par la*
» *Commission d'armement pour faire des bénéfices abusifs à*
» *notre détriment.*

» De plus, il m'a dit qu'à son sens, si M. Remington

» paraissait à la suite de ces affaires mettre tant de zèle à
» dénoncer et à accuser les personnes qui avaient eu à traiter
» avec lui, et dont plusieurs étaient d'ailleurs ses dupes,
» c'était de sa part une manœuvre ayant pour but de
» détourner de l'incorrection de ses propres procédés l'atten-
» tion du gouvernement français et celle de l'opinion publique
» en général.

» Sans attacher alors une très grande importance à ces
» allégations, je les avais pourtant notées. Or il arrive
» aujourd'hui que plusieurs circonstances sembleraient
» confirmer leur exactitude.

» M..... m'a communiqué en effet, ces jours derniers,
» deux documents qu'il a pu obtenir, grâce à ses nom-
» breuses relations officielles à Washington, et qui sont
» émanées du département de la guerre.

. . . .

« J'ai encore à signaler à Votre Excellence un fait tout
» récent et qui n'est pas le moins important. La semaine
» dernière il a été soumis à la légalisation de ce Consulat
» général un document dont j'ai pris connaissance et
» dont, par suite, j'ai tenu à adresser ici une copie au
» département. Il s'agit d'une déclaration *faite sous*
» serment et devant notaire par l'un des commis de
» M. Remington, déclaration établissant *que cet industriel*
» avait fait recopier par trois fois les livres de sa maison et
» altéré à cette circonstance leur rédaction primitive.

» L'auteur de la déclaration ci-jointe, si d'ailleurs elle
» était fausse, ne serait exposé à rien moins, d'après la
» loi américaine, qu'à cinq ou six ans de prison. il y a
» donc lieu de supposer que son témoignage est sincère.

» Après les détails qui précèdent, est-il besoin d'ajouter,
» Monsieur le Ministre, que vous voyez d'ici que *les opé-*
» rations de M. Remington ne donnent que trop à entrevoir
» les fraudes les plus audacieuses. »

Les bénéfices énormes réalisés par M. Remington à

l'occasion de ces marchés d'armes n'étaient pas évalués, en Amérique, à moins de 7 à 8 millions de francs, et cependant, d'après le rapport de M. Bellaigue de Bughas, ce M. Remington était *entièrement ruiné au commencement de la guerre!*

Voilà l'américain dont M. le duc d'Audiffret-Pasquier, pour accabler mon frère, proclamait, du haut de la tribune de l'Assemblée nationale, le désintéressement et les vertus !

Je dois ajouter qu'il a été affirmé au cours des débats que M. le comte de Bellonnet, notre chargé d'affaires aux Etats-Unis, déclarait dans un rapport fait, après enquête, sur la gestion de mon frère — rapport qui lui était favorable et dont on n'a voulu communiquer que quelques passages à son défenseur — qu'un bruit accrédité en Amérique, bien qu'il ne pût en faire la preuve légale, était que M. Lecesne, *président de la Commission d'armement,* et qui a été le principal accusateur du Consul, était l'associé commercial de M. Remington (1).

Comment, encore une fois, si l'affaire avait été étudiée devant la Commission Parlementaire avec la maturité et le scrupule qu'exigeaient impérieusement les intérêts sacrés en cause, le Rapporteur aurait-il pu accueillir si légèrement les imputations dirigées contre le Consul innocent et laisser dans l'ombre les agissements coupables de M. Remington et de tous ceux qui avaient pactisé avec lui?

Il y a une question capitale qu'il importe d'éclaircir

(1) Voici l'extrait du rapport de M. le comte de Bellonnet qui a été lu à l'audience du Tribunal de Première Instance par le défenseur de mon frère : « M. Place crut devoir informer la Commission d'armement, le 4 octobre, du peu de confiance que lui inspirait son agent à New-York, M. Squire, et proposer la maison Schnyler, Hartley, Graham et Cie. C'était mal tomber, puisque M. Squire était le gendre de M. Remington, associé commercial de M. Lecesne et le contractant général des achats français moyennant la commission fabuleuse de 5 pour 100, (soit pour l'ensemble des marchés 1,370,750 fr.). »

au sujet des armes envoyées au Camp de Conlie.

Quelles étaient, en réalité, les attributions du Consul dans les opérations relatives aux marchés d'armes ?

Cette question, on le comprend, est décisive. Or, la mission du Consul *ne consistait pas à acheter directement les armes, et encore moins à en contrôler la qualité ;* elle consistait uniquement à surveiller l'exécution des ordres donnés *directement* par le Gouvernement ou par la Commission d'armement aux vendeurs d'armes ; il lui appartenait surtout d'en activer l'envoi en France, d'affréter les bâtiments qui devaient en effectuer le transport. La prompte arrivée de ces armes était le besoin suprême du moment ; aussi son patriotisme, enflammé par son activité naturelle, lui fit accomplir de véritables prodiges. Jamais aucun retard n'a été signalé dans ses expéditions.

Deux fois, à la suite d'ordres émanant les uns de la Commission d'armement, les autres du général de Keratry, commandant l'armée de Bretagne, le Consul, en présence d'ordres télégraphiques contradictoires, fit directement, afin de gagner du temps pour ses expéditions, l'acquisition d'une certaine quantité d'armes. C'est à cette occasion que les malheureux qui ont écrit la lettre anonyme que j'ai citée, et leur complice M. Drumont, l'ont accusé de n'avoir envoyé que des armes de mauvaise qualité et d'avoir ainsi amené les tristes événements du Camp de Conlie.

Il y a à cette odieuse et perfide accusation une réponse péremptoire : *Ces armes n'ont jamais servi pendant la guerre.* Elles sont restées en magasin, et ce n'est qu'en avril et mai 1871, c'est-à-dire après la fin des hostilités, que la Commission a fait ouvrir les caisses dans lesquelles elles étaient venues d'Amérique et les a fait examiner.

Les débats devant le tribunal de la Seine s'ouvrirent le 11 octobre comme je l'ai dit plus haut. Le Ministère public avait produit le rapport de M. Riant, les harangues de M. le duc d'Audiffret-Pasquier, toutes les pièces pouvant faire croire à la culpabilité de l'accusé et en avait dégagé contre lui un acte d'accusation foudroyant. De plus, en dehors du tribunal, l'opinion publique toujours surexcitée grondait autour du prétoire et rien jusqu'ici, absolument rien, n'avait été produit pour la défense du Consul. Mais du moins il allait paraître devant de véritables juges, comme il l'avait si ardemment désiré, et il pourrait enfin discuter les accusations portées contre lui ; et ainsi pour la première fois il serait mis à même de se défendre : il avait confiance.

Il se trouva en face de magistrats qu'il ne connaissait pas, mais dont, à l'impartiale direction qu'ils donnèrent aux débats, il put bientôt apprécier l'intégrité inaccessible aux passions du moment.

Ils étaient présidés par un homme éminent, M. Glandaz, dont le caractère et la science imposaient à tous le respect et dont la mémoire est encore honorée au Palais.

Ces hommes, que personne jamais n'a taxés de faiblesse, rendirent le 19 octobre 1871 un jugement qui proclamait l'innocence de mon frère et mettait à néant toutes les accusations portées contre lui.

Ce jugement inquiéta vivement et consterna les accusateurs du Consul, car, s'il était innocent, c'étaient eux qui allaient être recherchés comme les vrais coupables des malversations qu'ils lui avaient perfidement imputées.

De leur côté, les hommes qui, par préoccupation politique et par haine contre le régime déchu, avaient voulu produire un grand scandale, en déshonorant un fonctionnaire de l'empire, n'étaient pas moins émus.

Ils réunirent donc leurs efforts et les influences énormes dont ils disposaient pour faire réformer la décision rendue par les premiers juges. Un nouveau débat s'engagea devant la Cour d'Appel le 11 janvier 1872. Cette fois les accusateurs l'emportèrent, sans d'ailleurs qu'aucun nouveau chef d'accusation eût été introduit, ni aucune preuve nouvelle apportée.

La Cour, par un arrêt du 25 janvier, réforma le jugement de première instance et condamna le Consul.

Les considérants de cet arrêt sont très durs, comme il arrive lorsqu'il s'agit d'une décision sur laquelle le juge hésitant a besoin de rassurer ses hésitations et que, sous la pression, même inconsciemment subie, des esprits violemment surexcités, il se met presque malgré lui au ton de l'opinion publique.

Un homme intègre, serviteur intelligent, loyal et méritant de son pays, accusé de malversations par ceux-là mêmes qui les avaient commises ; la passion politique se jetant avec avidité sur ces accusations calomnieuses contre un haut fonctionnaire d'un régime tombé, et trouvant dans l'opinion publique effervescente un facile écho, voilà tout le procès de mon cher et infortuné frère.

Il est bien loin de ma pensée d'incriminer les magistrats qui ont rendu cet arrêt. Ce n'est pas moi, aujourd'hui que l'outrageuse méconnaissance de la sainte loi du respect ébranle toute la hiérarchie sociale, qui me permettrai de soulever même une suspicion contre leur honorabilité. Mais l'honnêteté ne rend pas inaccessible à l'erreur, et quand on connaît les efforts faits pour troubler ou égarer la conscience des juges, il ne me sera pas défendu de penser et de dire que l'arrêt du 25 Janvier est une des erreurs judiciaires les plus considérables qui se soient jamais rencontrées.

Pourtant, — je ne crois pas avoir à m'imposer de le taire, — l'interrogatoire était mené d'une telle manière que M. Rivolet, l'avocat de mon frère, ne put s'empêcher de s'écrier au cours des débats : « M. le Président, si » M. Place est condamné d'avance, je n'ai plus qu'à me » retirer et à abandonner la défense. » J'entends encore cette parole qui me fit tressaillir en me révélant le péril.

Les débats terminés, le Président demanda à l'accusé s'il avait quelque chose à ajouter à sa défense. Mon pauvre frère se leva, et, bien qu'il se fût, à cause de son état de fatigue et de santé, résolu à garder le silence, il prononça ces paroles qui furent les dernières, car depuis lors il n'a plus élevé la voix en public. Jamais un noble cœur et un honnête homme n'ont exprimé avec une simplicité plus touchante des sentiments plus élevés..

Voici ces paroles telles que la sténographie les a conservées et qu'elles ont été publiées dans les journaux de l'époque :

« MESSIEURS,

« Malgré l'état où m'ont réduit tant de douleurs physi-
» ques et morales, j'ai tenu à vous adresser quelques
» dernières paroles et j'ai rassemblé tout ce qui me reste
» de forces pour venir vous les dire.

» Il y a sept mois, les plus abominables accusations
» ont éclaté sur ma tête, et j'étais alors trop écrasé de
» souffrances et de douleur pour les repousser comme elles
» le méritaient; mais à peine la justice, la vraie justice,
» celle dont vous êtes les représentants, s'est-elle approchée
» de cette impure fantasmagorie, qu'elle s'est dissipée
» comme un mauvais rêve.

» En dépit d'une première décision de la justice, les
» attaques ont recommencé; on a commenté, torturé tous
» mes actes pour les transformer en délits; mes intentions
» ont été dénaturées comme à plaisir, on m'a prêté les
» calculs les plus monstrueux, je puis même dire les plus
» insensés; enfin les plus lâches calomnies, qu'un mot seul
» suffisait pourtant à confondre, me sont arrivées de ceux-là
» mêmes qui s'étaient assis à ma table comme des amis.

» La plaidoirie si lumineuse et si convaincue que vous
» venez d'entendre a dissipé les derniers doutes; néan-
» moins j'y ajouterai un fait, mais un fait décisif.

« Entré pauvre dans les Consulats, j'en suis sorti pauvre,
» et, après de bons et loyaux services, je puis dire plus
» pauvre, puisque je n'ai plus à compter que sur mon
» travail pour faire vivre les miens et j'ai trente ans de plus.

» Du pays où m'ont frappé tant d'horribles malheurs
» je n'ai rapporté que deux trésors : les corps de mes
» enfants qui attendent encore au Hâvre que j'aie pu leur
» donner une sépulture définitive, tant mes malheurs se
» sont précipités, et mon honneur. Cet honneur n'est pas
» seulement le mien : il est celui du corps consulaire,
» auquel je suis fier d'avoir appartenu pendant tant
» d'années, celui des enfants qui me restent et le seul
» patrimoine que je puisse désormais leur laisser. Cet
» honneur je l'ai toujours conservé intact, et, dans ce
» moment suprême, je le dépose sans hésiter entre vos
» mains, assuré que votre arrêt me le rendra dans toute
» son intégrité. »

La Cour resta sourde à ces accents de la vérité et de
l'honneur, mais la conscience publique en fut profondément émue et soulagée. Au cours de chaque audience,
les personnes présentes manifestaient hautement à mon
frère leur vive sympathie.

Il ne perdit aucune amitié, ni à aucun degré l'estime
de ceux qui avaient connu le procès.

M. Thiers lui-même, alors Président de la République,
— lui qu'on n'accusera pas de faiblesse pour les hauts
fonctionnaires de l'Empire ni d'indulgence pour ceux qui
auraient trahi la France, — M. Thiers ne crut pouvoir
rester indifférent aux suites de ce triste procès. Il en
avait attentivement suivi les débats. Après la condamnation, il se fit remettre le dossier. Quelque temps après,
malgré les ménagements dont il était tenu envers les
membres influents de l'Assemblée qui avaient poursuivi
mon frère, il rendit un Décret de grâce entière.

Il m'est permis de dire qu'une telle décision, en de

telles circonstances et à un tel moment, impliquait un désaveu moral de la condamnation.

Quand la Patrie agonise, un Chef d'Etat ne gracie pas ceux qui l'auraient trahie.

La sentence de la Cour reste donc placée entre une décision qui en arrête l'exécution et un jugement qui a proclamé l'innocence de l'accusé.

Et maintenant, je remercie mon ancien et bien aimé diocèse de Marseille, qui, dans ces cruelles conjonctures, n'a cessé de me donner les preuves les plus consolantes de son filial et fidèle attachement.

Je ne lui ai jamais dérobé aucune de mes démarches. Mes insulteurs d'aujourd'hui semblent vouloir donner à entendre que je me suis tenu dans l'ombre pendant la durée de ces douloureux débats.

Je me suis si peu caché que je n'ai pas quitté un instant mon frère pendant ces longues audiences. Je venais, exprès et au grand jour, de Marseille à Paris, pour l'assister et le fortifier par ma présence et mon affection ; je prenais place à côté de lui dans le prétoire ; je n'y ai pas manqué une seule fois. Mon diocèse de Marseille était tenu au courant de tout ce qui se passait ; les journaux lui apportaient les nouvelles après chaque audience ; ils étaient lus avec avidité ; on discutait les circonstances du procès, et jamais mes Marseillais, avec la rectitude de leur sens et la noblesse de leur cœur, n'ont cessé d'approuver la conduite de leur Evêque.

Il ne s'est pas rencontré parmi eux une âme assez basse pour outrager ma douleur, et quand j'ai eu, peu après, à rendre à ma mère vénérée les derniers devoirs, tout Marseille se leva pour me témoigner sa cordiale et religieuse affection et adoucir ma peine.

Marseille m'a prouvé qu'elle n'avait pas oublié son ancien évêque ni ses sentiments pour lui, et, au milieu de cette tempête d'invectives et d'injures, elle s'est levée encore une fois, clergé, fidèles, et à leur tête mon vénérable successeur, pour protester avec une énergie indignée contre ces outrages, et me témoigner la plus vive sympathie. Que la bonté du Seigneur rende à l'Eglise de Marseille et à son digne Evêque, en bénédictions et en grâces de toutes sortes, les consolations qu'elle m'a procurées. Je n'en ai pas connu de meilleures.

En revenant vingt ans après sur ces débats, mes insulteurs ont cru me couvrir de confusion : ils ont manqué leur but. Je n'ai pas, grâce à Dieu, à rougir de mon frère ; j'ai plutôt à être fier de lui, car il est impossible de supporter une plus grande infortune avec plus de grandeur d'âme.

Si mes ennemis ont voulu rouvrir dans mon cœur une des plus douloureuses blessures dont il ait jamais souffert, qu'ils goûtent la satisfaction d'avoir réussi. Mais ils se sont grossièrement trompés, s'ils se sont imaginé me déconcerter et m'obliger par la crainte à transgresser les décisions du Saint-Siège, en levant, — comme m'en faisait sommation la lettre anonyme adressée à moi et à mes vicaires généraux — l'interdit des Oratoriens avant qu'ils aient fait pleine et entière soumission à la sentence de Rome.

Pour achever ce qui est relatif au procès intenté à l'ancien Consul général à New-York, je n'ai plus qu'à présenter une dernière considération, qui suffirait à dissiper toute incertitude.

Mon frère a eu à payer pour le compte du gouvernement plus de 34 millions. L'accusation prétendait qu'il s'était approprié sur ces valeurs des sommes considérables : au fond c'était là tout le procès. La défense, après avoir réfuté chacun des chefs particuliers mis à sa charge, présentait un argument sans réplique : c'est que ce prétendu dilapidateur *était revenu de New-York plus pauvre qu'il n'y était arrivé.*

Il était pauvre en effet; — il l'avait noblement déclaré lui-même dans les suprêmes paroles qu'il a prononcées à la dernière audience. Il n'en était pas de même de ses accusateurs. Pendant que M. Remington, l'américain glorifié pour son désintéressement par M. le duc d'Audiffret-Pasquier, était, lui et ses associés d'Amérique et de France, dans l'opulence et riche à millions, mon frère s'en allait mourir pauvre, sans ressources, dans un village obscur de la Moldavie : Cascoesti. Et quand je parle de sa pauvreté, j'ai le droit d'être cru, car j'en sais quelque chose.

Il laissait 4 enfants : une fille au berceau et 3 fils encore jeunes. Ils étaient en train, à force de courage et de travail, de se faire une position honorable, et vous êtes venu, vous, M. Drumont, et vos complices Rennais, sans seulement vous être rendu compte du procès fait à leur père, les plonger dans le désespoir. Ils sont accourus à Rennes se jeter entre mes bras, résolus à vous demander compte de vos outrages et de vos calomnies contre leur père. Je suis parvenu, non sans peine, à faire rentrer un peu de calme et d'apaisement dans ces cœurs bouleversés, et ces braves jeunes gens, revenus à eux-mêmes ne purent que s'écrier : du moins nous sommes pauvres et nous nous en réjouissons aujourd'hui pour la mémoire de notre père.

III.

Je n'ai pris la plume, et ne suis sorti du silence où je n'avais pas le droit de m'enfermer, que pour défendre le nom, l'honneur et la mémoire de mon frère, et si j'ai parlé de l'affaire des Oratoriens c'est, je l'ai dit en commençant, qu'il m'était impossible de l'éviter, puisqu'elle est l'unique cause de l'incroyable déchaînement d'outrages dirigés contre lui et contre moi.

Je ne suivrai donc pas ses insulteurs et les miens dans leur extravagant roman au sujet de l'abbé Le Pailleur.

*Je suis absolument étranger aux causes qui ont amené
son départ.*

Le fondateur des Petites Sœurs des Pauvres a lui-même
fait connaitre dans une lettre, reproduite en son temps
par un grand nombre de journaux, les pensées dans
lesquelles il a quitté La Tour Saint-Joseph où se trouve
la Maison Mère de l'Institut, pour se rendre à Rome
et s'y fixer.

Voici cette lettre :

J. M. J.

La Tour Saint-Joseph, le 11 juin 1890.

CIRCULAIRE.

Mes petits Enfants,

« J'ai soixante dix-huit ans. C'est un grand âge ; j'en
» sens le poids et il m'avertit de penser à ma fin qui ne
» peut plus être éloignée.

» Je considère comme terminée l'Œuvre que Dieu
» m'avait donné à accomplir, et j'ai l'assurance d'être
» dans l'ordre de sa volonté en consacrant ce qu'il lui
» plaira de m'accorder de vie à me préparer dans la
» retraite et dans la prière à ma mort et à mon éternité.

» Je vous dis adieu pour toujours.

» Absent de corps je conserverai mon affection à la
» Petite Famille.

» Priez beaucoup pour moi, mes petits enfants, comme
» je prierai pour vous.

» Je demande à Dieu de vous bénir.

« Votre père,
« Le Pailleur, prêtre. »

Je veux croire, pour l'honneur des lecteurs de M. Drumont, que pas un d'entre eux n'a même été tenté de
prendre au sérieux les tragiques imaginations de cet
écrivain et de ses fournisseurs de nouvelles sur les conditions dans lesquelles se serait accompli le voyage de

l'abbé Le Pailleur et sur les prétendus mauvais traitements qu'il aurait eu à endurer.

L'abbé Le Pailleur avait réglé lui-même tout l'ordre de son voyage ainsi que les arrangements de la tranquille et douce retraite où il est entouré de tous les égards comme de tous les soins qui conviennent à sa situation et à son âge.

Il n'est pas dans une terre barbare et perdue, où on ne pourrait ni connaître son sort ni entendre ses plaintes. Il est à Rome, patrie de tous les catholiques et plus encore des prêtres, à Rome, recours assuré, incorruptible et souverain contre toutes les injustices et toutes les violences. Qui ne comprend que s'il eût eu un grief quelconque à élever contre l'Archevêque de Rennes, dont il n'a, à toute époque et en toute occasion, reçu que des témoignages de dévouement, il n'avait nulle part mieux qu'à Rome tout moyen et toute facilité de le produire ?

Il a, du reste, été très attristé lui-même du bruit qu'on a fait à son sujet. Il en écrivit à l'ami qui l'avait, à sa prière, accompagné à Rome, lui demandant de s'employer à le faire cesser.

Quant aux Petites Sœurs des Pauvres, leur Institut, si merveilleusement béni de Dieu, dont il est visiblement l'ouvrage, est l'honneur de l'Eglise et du diocèse de Rennes. Dès mon arrivée à Rennes, les Petites Sœurs ont été et n'ont pas depuis lors cessé d'être l'un des plus chers et constants objets de mon intérêt et de ma sollicitude. Je n'ai pas moins écouté mon cœur qu'obéi à mon devoir en m'efforçant de leur en donner plus que jamais, après le départ de l'abbé Le Pailleur, toutes les marques en mon pouvoir.

IV.

Je le répète : si une obligation sacrée ne m'avait mis la plume à la main, je n'aurais, comme mes vénérés collègues, opposé que le silence et le dédain aux outrages dont ils ont été, comme moi, l'objet de la part de M. Drumont.

Je n'aurais eu aucune peine à en agir ainsi. J'ai 78 ans et il y a 25 ans que je suis évêque. A mon âge, les choses ne se présentent plus qu'à travers la pensée de la fin prochaine, et les iniquités même les plus révoltantes, vues du seuil de l'éternité, inspirent plus de pitié que d'indignation.

Mais M. Drumont a tellement lié la cause de mon frère à ma propre personne, comme s'il voulait nous écraser l'un par l'autre, qu'il m'a mis dans la nécessité, après avoir rétabli la vérité sur mon frère, de dire, si vive qu'y soit ma répugnance, quelques mots de moi-même.

Il ne saurait me convenir de relever en détail les insultes ni les haineux propos de son livre. Chaque ligne, presque chaque mot est mensonge, calomnie ou insinuation perfide, soit qu'il parle en son nom, soit qu'il prête ses injures à M. Martin-Feuillée, soit même qu'il ose les mettre dans la bouche de Pie IX.

Je ne connais pas cet homme, et il ne me connait pas davantage.

Jamais nous ne nous sommes rencontrés dans la vie ; je n'ai pas eu l'occasion de lui faire de bien, mais du moins jamais je ne lui ai fait de mal, et il se rue sur moi comme il l'avait fait sur mon frère, pour jeter, si cela était en son pouvoir, l'infamie sur mon honneur et sur ma vie tout entière.

Cela semble tout d'abord un mystère ; d'ordinaire la perversité humaine, abandonnée à elle-même, ne descend pas à une telle profondeur. Mais ce mystère, hélas ! il n'est pas difficile de le pénétrer. Je l'ai dit déjà, et tout le monde d'ailleurs l'a compris : quelque coupable que soit M. Drumont, les plus coupables sont ailleurs. C'est à Rennes qu'ont été élaborées les criminelles pages que le pamphlétaire n'a pas hésité à faire siennes.

M. Drumont annonce, en commençant, qu'il va tracer

le *curriculum vitæ* de l'archevêque de Rennes, et, aussitôt il écrit :

Monseigneur Place n'avait aucune vocation ecclésiastique ; jusqu'à 40 ans il fut professeur d'histoire dans une petite école de Paris, appelée l'institution Poiloup.

Si M. Drumont, comme l'exigeait l'honnêteté élémentaire, s'était donné la plus légère peine pour prendre des renseignements, s'il avait eu le moindre souci de la vérité et de l'exactitude, il n'aurait pas commis une telle énormité.

Il y a 54 ans que j'ai été inscrit au barreau des avocats près la cour d'appel de Paris. J'eus l'honneur d'y être présenté sous les auspices de Berryer qui plus d'une fois m'a associé à ses travaux, et, quoique la plupart de mes contemporains ne soient plus de ce monde, il en reste encore quelques-uns qui se souviennent de moi.

Lorsque l'appel de Dieu se fut fait entendre à mon âme, j'entrai, afin d'étudier avec plus de maturité ma vocation, dans la maison d'éducation dirigée par M. l'abbé Poiloup, la plus importante qui fût alors parmi les maisons chrétiennes de France et qui est devenue le collège Vaugirard, aujourd'hui en juste renom.

Le lien le plus fort qui me retenait était l'estime de ma profession d'avocat : elle m'attachait par la noblesse de sa mission si complètement indépendante et par la confraternité qui n'existe nulle part plus unanime et plus vraie que dans le barreau.

Il me fallut les conseils pressants de l'abbé Dupanloup, plus tard le grand évêque d'Orléans, et ceux du Père de Ravignan pour fixer mes résolutions.

Je n'avais pas alors 40 ans, comme l'écrit M. Drumont, mais 33 ans.

Mon départ pour Rome, — où, d'après l'avis de Mgr Affre, de sanglante et glorieuse mémoire, j'allais faire mes études théologiques, — provoqua parmi mes con-

frères des regrets dont la cordiale expression me fut
précieuse, mais pas un seul ne s'étonna de ma résolution
à laquelle tous me témoignèrent qu'ils s'attendaient.

J'étais alors président de la Conférence de Saint-Vincent
de Paul de la paroisse de Saint-Séverin à Paris, et j'ai
toujours aimé à rattacher au bonheur que j'ai eu de faire
partie de cette chère Société, alors à ses débuts, la grâce
de ma vocation sacerdotale.

Libre à M. Drumont d'amoindrir à son gré et d'apprécier à sa guise la part que j'ai prise à la mission de
Gaëte. Cette part fut modeste, sans doute, mais du moins
elle me rapprocha de la personne auguste de Pie IX, plus
grand dans son exil que sur son trône du Vatican; et
lorsque, dix-huit années plus tard, le saint Pontife, après
m'avoir nommé évêque de Marseille, daigna m'accorder
la faveur insigne de me sacrer de ses propres mains, il se
plaisait, avec sa mémoire prodigieuse, à me rappeler les
circonstances qui m'avaient procuré l'honneur de me
mettre en rapport avec lui. Marseille, fière de la faveur
accordée à son évêque, aimait à redire que, depuis
saint Serenus, l'un de mes saints prédécesseurs, sacré
par le Pape Saint Grégoire le Grand, aucun autre évêque
ayant siège en France n'avait été sacré à Rome par le
Pape.

Je pourrais, sur cette mission de Gaëte, en appeler à
M. de Corcelle, alors mon chef et devenu mon ami aussi
tendre que fidèle. Il m'est consolant, au milieu des
attentats dont j'ai été l'objet, de reporter quelques
instants ma pensée et mon cœur vers les jours où j'ai
vécu dans l'intimité de cet homme éminent, le plus
homme de bien que j'aie rencontré dans ma longue
existence, d'un si grand et si généreux cœur, si chrétien et si français, qui, par l'ascendant qu'il exerçait
dans les Conférences de Gaëte, prouva une fois de plus
que la meilleure habileté est celle qui résulte d'une

droiture inflexible et d'une loyauté à toute épreuve (1).

M. Drumont me représente comme un misérable ambitieux, et c'est sur l'ambition inassouvissable qu'il m'attribue qu'il fonde ses plus violentes incriminations ; il s'y était préparé du reste en me reprochant d'être entré sans vocation dans l'état ecclésiastique.

Il m'est permis de le dire : la Divine Providence a constamment placé ma vie dans des conditions telles que, si je puis ainsi parler, je n'aurais pas même eu le temps d'avoir de l'ambition, si j'avais eu le malheur d'y être enclin.

Avant même que je fusse prêtre, — j'ai été ordonné à Saint-Jean-de-Latran le 30 mars 1850 — Mgr l'Evêque d'Orléans, mon ancien catéchiste à la chapelle Saint-Hyacinthe, devenu mon ami, me nommait son vicaire général. Après ma première messe, — dite à la chapelle Borghèse, à Sainte-Marie-Majeure, — un ami de Mgr Dupanloup me remit ma lettre de nomination. Elle était datée du 12 mars, antérieure de près de trois semaines à mon ordination sacerdotale.

J'ai peu de goût à me raconter ainsi moi-même et je n'ajouterais rien à ces premiers détails, si, dénoncé avec tant de fracas et d'emportement à mon diocèse comme indigne de son respect et de son estime, je ne croyais

(1) On me pardonnera de reproduire ici la lettre que ce cher et vénérable ami, aujourd'hui dans sa 89e année, m'écrivait au lendemain de la publication du livre de M. Drumont. Voici cette lettre :

Paris, 20 avril 1891.

Eminence aussi chère que vénérée,

J'ignorais les outrages et les protestations indignées dont la *Semaine Religieuse* de Rennes du 11 avril fait mention. Ces outrages, Dieu merci, n'ont pas de complices chrétiens. Jugez si l'heureux témoin de Gaëte s'unit à l'Eglise tout entière qui vous entoure de sa piété et de sa reconnaissance. Nous sommes tous outragés. Voilà ce que je ressens avec une inexprimable affection qui date d'un demi-siècle.

F. DE CORCELLE.

devoir aux sentiments qu'il m'a toujours témoignés de lui apprendre comment je suis devenu son archevêque.

J'ai été vicaire-général et supérieur du Petit-Séminaire d'Orléans; aumônier, à Paris, de la Congrégation de Notre-Dame au couvent du Roule et supérieur du Petit-Séminaire de Paris.

C'est alors que commencèrent mes prélatures. J'ai été successivement nommé auditeur de Rote, évêque de Marseille, archevêque de Rennes et enfin Cardinal. Je me borne à indiquer les circonstances dans lesquelles eurent lieu ces nominations; on verra si je les ai cherchées.

J'étais désigné comme évêque du Puy. La nonciature et le gouvernement s'étaient mis d'accord sur mon nom et on n'attendait plus que mon assentiment pour mettre le Décret à l'*Officiel,* lorsque, la charge d'auditeur de Rote pour la France étant devenue vacante par la nomination de Mgr Lavigerie à l'évêché de Nancy, Pie IX fit connaître que ma présence à Rome lui serait agréable. Le gouvernement français s'empressa de se rendre à ce désir et c'est ainsi, sans que rien ait pu me le faire pressentir et encore moins sans que je l'aie désiré, — car ce n'était pas pour devenir magistrat que j'avais renoncé au barreau, — que je devins le successeur de l'illustre Cardinal africain.

Je fus nommé évêque de Marseille dans les premiers jours de l'année 1866.

M. Baroche était alors garde des Sceaux et Ministre des Cultes. Il me donna cette preuve d'estime de n'avoir jamais, ni directement ni indirectement, fait avec moi une allusion quelconque à ma présentation.

Je quittai Paris le 3 janvier 1866 et j'arrivai à Rome le 6 sans en avoir entendu le premier mot. Je fus reçu le 7 par le Saint-Père. Dans la soirée de ce même jour, M. le comte de Sartiges, notre ambassadeur près le Saint-Siège, me fit savoir que le journal *Officiel* contenait un Décret portant ma nomination au Siège de Marseille.

Je fus très ému à l'idée que le Saint-Père, à qui je n'avais rien dit de cette affaire dans mon audience du matin, avait dû éprouver du mécontentement de mon silence et s'en étonner d'autant plus que, comme auditeur de Rote, j'appartenais à la famille pontificale.

Je demandai immédiatement une nouvelle audience que Pie IX daigna m'accorder pour le lendemain.

Je me jetai à ses pieds dès que je fus en sa présence et lui exprimai ma confusion, l'assurant que la veille j'ignorais absolument ma nomination, et que d'ailleurs je n'accepterais à aucun prix dans de telles conditions.

Le Pape, après m'avoir laissé parler quelque temps, me prit la main et, avec son fin et paternel sourire, il me dit : « Mais moi je savais tout. Je vous connais; j'ai voulu avant » de vous en parler que ce fût un fait accompli. »

Dans la suite de l'audience le Saint-Père eut l'insigne bonté de me faire entrevoir qu'il me donnerait de ses propres mains la consécration épiscopale. J'ai dit plus haut que le grand et saint Pontife avait daigné réaliser cette espérance.

Je suis resté évêque de Marseille pendant 12 ans et quelques mois.

Il aurait fallu que je fusse bien ingrat pour avoir jamais songé à me séparer, par ma propre volonté, de cette illustre Église si dévouée et si attachée à ses évêques. Je rendais du fond de mon cœur à son clergé et à son peuple, qui étaient alors les miens, l'affection qu'ils me témoignaient et je n'y ai jamais été infidèle. Mon unique désir et ma seule pensée étaient de mourir au milieu d'eux, sous la protection de N.-D. de la Garde, la *Bonne Mère* comme on dit à Marseille.

Le vénérable Cardinal Guibert se trouvait chez moi quand une dépêche lui apprit la mort du Cardinal Saint-Marc dont on l'invitait à présider les funérailles. J'ai su depuis qu'il eut aussitôt la pensée de ma translation à Rennes et que, quelque temps après, dans un voyage qu'il fit à Rome, il s'en ouvrit au Saint-Père.

J'ignore, n'ayant jamais cherché à le connaître, le détail des négociations qui ont eu lieu sur cette question entre le Saint-Siège et le Gouvernement français; mais l'honorable M. Bardoux, alors Ministre des Cultes et aujourd'hui vice-président du Sénat, peut rendre témoignage du refus que j'ai opposé à ses instances, car il doit avoir entre les mains les lettres que j'ai échangées avec lui à cette occasion.

J'en appelai à la décision du Saint-Père et je partis pour Rome. Je me permis de faire remarquer à Sa Sainteté, que, déjà vieil évêque de Marseille, j'étais soutenu par les affections et les dévouements qui allégeaient mon fardeau, qu'en arrivant à Rennes je ne pouvais pas avoir l'espérance de trouver, du premier coup, rien de semblable, et que, surtout, l'importance et l'éclat de ce grand siège effrayaient ma faiblesse.

Le Pape me rappela qu'un évêque au milieu d'un peuple catholique était, dès le premier jour, comme un père au milieu de ses enfants. Je crus de mon devoir de présenter encore quelques observations; mais le Saint-Père ayant insisté, mes dernières paroles, en me jetant à ses pieds, furent pour assurer Sa Sainteté que, si par la volonté de Pie IX j'étais devenu évêque de Marseille, je serais désormais archevêque de Rennes par la volonté de Léon XIII.

Je fus préconisé le 15 juillet 1878.

J'ai été élevé à l'honneur du Cardinalat en 1886.

On sait que les questions relatives à la nomination des cardinaux rentrent dans la compétence du Ministère des Affaires étrangères.

A l'époque où ont eu lieu les négociations à mon sujet entre le Saint-Siège et le Gouvernement français, le Ministre des Affaires étrangères était M. Jules Ferry. Je suis resté si étranger à ces négociations qu'aujourd'hui encore je ne connais pas même de vue M. Jules Ferry.

On me pardonnera d'avoir rappelé, trop longuement peut-être, quelques-unes des circonstances qui me sont personnelles. Une ligne, un mot suffit à la plus noire calomnie pour faire une blessure souvent incurable; il faut des pages pour y répondre. Je n'ai dit que ce qui était indispensable, et je crois, quelque ton et quelque langage qu'on ait pris à mon égard, ne m'être pas un instant départi du langage et du ton qui conviennent à un évêque.

Ma voix ne parviendra qu'à un petit nombre; elle n'atteindra pas les centaines de mille lecteurs que le caractère même de son livre a valus à M. Drumont. Mais, je l'ai dit, j'ai déjà été largement consolé par le témoignage des sympathies si honorables dont j'ai été comblé, et j'ose prendre la confiance que la lumière est faite dans l'esprit de ceux qui ont bien voulu accorder à ces pages leur attention.

Pour le reste je m'en remets à la justice de Dieu et à la conscience des honnêtes gens.

Si je ne me suis pas adressé directement à mon diocèse de Rennes, c'est que je n'ai, sur ce qui me concerne personnellement, rien à lui apprendre. Ma vie lui est ouverte comme elle lui est consacrée. Voilà douze ans et quelques mois que les conduites de la Providence m'ont appelé sur le Siège de cette vénérable et glorieuse Église. « Ma seule ambition, disais-je dans ma lettre de prise » de possession, est de vous faire connaître et aimer » N. S. Jésus-Christ et de sauver vos âmes qui me sont » toutes également chères et ont un droit égal à mon » dévouement. » Je me suis efforcé, autant qu'il a dépendu de moi, d'être fidèle à ce programme qui a été la règle de toute mon administration épiscopale. J'ose me rendre le témoignage de ne m'en être jamais sciemment et volontairement écarté. J'y ai appliqué tout mon temps, sans en rien distraire, toutes mes forces sans les épargner. Je n'ai garde de m'en prévaloir : ce n'était que mon devoir, et, malgré ma grande misère et tout ce qui me manque, je n'ai jamais eu en vue que de le remplir quoi qu'il m'en pût coûter.

Dieu, qui voit dans les cœurs, voit dans le mien le dévouement profond, absolu, à tous les intérêts spirituels et temporels de ce cher Diocèse qui y a constamment correspondu, comme je devais m'y attendre et comme je pouvais le souhaiter. Je rappelais tout à l'heure les paroles de Léon XIII dans l'audience où l'affirmation de sa volonté qui m'envoyait à Rennes mit fin à mes hésitations : « Un » évêque au milieu d'un peuple catholique est, dès le » premier jour, comme un père au milieu de ses enfants. »

Dès mon arrivée dans mon nouveau diocèse cette encourageante parole se réalisa pour moi. Je trouvai un peuple aussi plein de cœur que plein de foi, un clergé aussi loyal qu'appliqué à ses devoirs, et prêtres et fidèles portèrent aussitôt sur celui qui venait à eux au nom du Seigneur le respect et l'affection qu'ils sont habitués à donner à leurs évêques.

Je laissais à Marseille des prêtres qui étaient mes amis et dont l'affection éprouvée ne reculait pas devant le sacrifice de s'éloigner de la Provence pour me suivre en Bretagne. Moi-même je ne me séparais pas d'eux sans douleur. Néanmoins je voulus venir seul à Rennes. Mon clergé dut y voir une preuve de ma confiance ; je n'ai point eu sujet de le regretter : il y répondit par la sienne et j'en reçus tous les témoignages dans la visite du Diocèse que j'entrepris presque aussitôt.

J'en ai parcouru toutes les paroisses ; il n'en est pas une seule que je n'aie visitée au moins deux fois. Je ne me souviens qu'avec émotion et reconnaissance de l'accueil qui m'a été fait partout, rendant plus étroits, à mesure que je le connaissais davantage, les liens qui m'attachaient à mon nouveau peuple.

Il en a toujours été ainsi et chaque fois que, dans ces

derniers temps, après la campagne menée contre moi et après le livre de M. Drumont, il m'a été donné, soit à Rennes, soit dans d'autres villes et bourgs du Diocèse, de me trouver en contact avec nos populations, l'empressement a été tel auprès de moi, si religieux, si cordial, je peux dire si filial, que j'ai eu le droit de voir dans ce redoublement d'attentions et d'égards, une protestation contre les injures dont a été l'objet leur vieil archevêque et le désir de les réparer en consolant son cœur par les marques de leur respect et de leur attachement.

Je m'arrête, et je ne crois, en terminant, pouvoir mieux faire que de m'approprier, en les adressant à tous mes bons prêtres et à mes fidèles diocésains, les paroles qu'écrivait un jour mon père et mon ami le saint évêque d'Orléans : « *Quant aux choses qui vous ont attristés,* » *tranquillisez-vous. On dit que de la calomnie il reste toujours* » *quelque chose. Mais des injures et des bassesses dont le* » *bruit est arrivé jusqu'à vous, croyez-moi, il ne restera* » *rien, si ce n'est toutefois un enseignement utile : on aura* » *eu le spectacle d'un évêque qui, pendant une existence déjà* » *longue, a donné des témoignages assez certains de son* » *dévouement à l'Eglise, au Saint-Siège* » — et à son pays, et qui, pour n'avoir pas hésité à remplir un devoir de sa conscience et de sa charge — « *se sera vu tout à coup en* » *butte aux insultes et à toutes les indignités contre lesquelles* » *vous protestez, tant on a porté de passion dans une affaire* » *où il en fallait si peu !* »

Rennes, le 24 juin 1891.

† CH.-PH., Card. PLACE

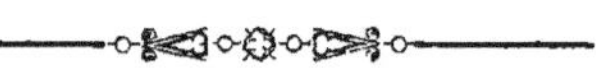